Las dos caras de Nina

«No hay loto sin lodo»

Thich Nhat Hanh

Primera edición: abril del 2024

© Mario C. Salvador
© Editorial Comanegra
Consell de Cent, 159
08015 Barcelona
www.comanegra.com

Diseño de colección: Cómo Design, 2010
Diseño de portada: Irene Guardiola
Maquetación: Eduard Vila
Impresión: Agpograf

ISBN: 978-84-19590-99-2
Dipósito legal: B 5114-2024

FSC
MIXTO
Papel
FSC® C10

Las dos caras de Nina

Mario C. Salvador

comanegra

Capítulo 1

Nina tiene veinte años y dos caras.

Por un lado, están los días de profunda tristeza, en los que Nina se encierra en su habitación. Consume televisión o videojuegos en cantidades industriales y nunca sale de casa. Duerme hasta muy entrada la mañana y no tiene ánimo para hacer nada. Los días de Nina pasan sin pena ni gloria. Sufre. Y para dejar de sufrir, como última salida, la acechan frecuentes ideas suicidas.

Pero hay otros días en los que Nina es completamente diferente. Entonces se muestra capaz de levantarse temprano e ir a la universidad y de relacionarse con los compañeros. Son días plácidos, todo en ella parece normal. Aun así, no se muestra afectivamente conectada con los amigos. Su vida social es formal, diplomáticamente correcta, pero carente de emoción e implicación personal.

Los días que Nina está *bien*, es capaz de interesarse en las materias de estudio y dedicarles tiempo. En eso encuentra una esperanza de ser alguien valioso para los demás, de destacar y ser importante algún día en su profesión; se imagina triunfando y fundando un centro educativo para formar a niños que puedan tener una vida feliz y crecer con alegría.

Pero esto nunca parece un recurso suficiente para que Nina comience a creer en su valía personal, para que deje de sentirse poco importante y de albergar una dolorosa vergüenza sobre sí misma.

Esta segunda Nina afronta la vida con aparente normalidad, se lleva bien con los padres de su ahora, que se preocupan por ella, la atienden y la cuidan; no obstante, vive la vida un tanto entumecida en sus emociones, en piloto automático, robotizada, haciendo lo que toca, pero sin gran entusiasmo.

En lengua castellana hay un dicho que refleja esta manera de habitar la vida: «Ni siento ni padezco». Y la mística española santa Teresa lo reflejaba en su conocida expresión «Vivo sin vivir en mí», para expresar el anhelo de trascender esta vida para poder vivir en otra.

La cara más preocupante, sin embargo, es la de la Nina triste, encerrada en su habitación y distraída en los videojuegos o la televisión.

Nina va viviendo su vida a días: ahora como si fuese una chica normal, y después en un estado de extremo decaimiento y depresión en el que vuelven sobre ella las ideas de suicidio y de falta de valor, y no quiere ni tiene ánimos para hacer nada. Esos días anhela en el fondo que su sufrimiento se acabe y que, en alguna manera, lleguen tiempos mejores, tratando de no estar en esta vida.

Cuando vemos a Nina llevando una vida robótica y ausente de sí misma y de las relaciones, la vemos así: tratando de existir lo menos posible.

Los padres, preocupados, le proponen que vaya a terapia. Sin entusiasmo, Nina accede a ir a una terapeuta, más bien por complacerlos y aliviar su desasosiego. Esto mismo revela que la muchacha no tiene esperanza en que algún ser humano pueda ayudarla. Ni siquiera concibe que pedir ayuda pueda proporcionarle alivio o consuelo. Esto ya indica que, en su historia, el hecho de pedir ayuda no implica ni una respuesta reconfortante ni sentirse mejor.

Capítulo 2

El primer día que llega a la psicoterapia no se muestra especialmente colaboradora. Su terapeuta, Amalia, trata de conectar con ella y se interesa en lo que le ocurre y la lleva a terapia.

—Nina, ¿qué está pasando en tu vida para venir aquí? —dice Amalia.

—Nada importante, vengo porque mis padres están preocupados y para que se sientan tranquilos —afirma Nina sin intención de revelar mucho más.

—¡Vaya, eso me llama mucho la atención! Parece que ellos ven algo en ti que tú no reconoces como importante.

—No, estoy bien. Hay días en los que me encuentro mal. Pero hoy estoy bien y no quiero hablar de eso, ya pasó, está muy lejos. Hay días buenos y días malos, nada más.

—Bueno, Nina. Tratemos hoy, pues, un poco de cómo te va en la vida los días que estás bien. ¿Qué hay en tu vida que te hace sentirte bien?

—Tengo una familia que me quiere y me cuida.

Nina responde lo mínimo, escuetamente, para salir del paso.

—¡Qué bueno! Cuéntame más sobre como vivís y cómo te cuidan —dice Amalia queriendo animar el diálogo.

—Mi padre hace lo que le pido: me lleva a la universidad y me compra cosas para que esté contenta; está disponible cuando lo necesito.

—Parece un padre entregado. Y tu madre, ¿cómo te cuida?

—Como él. Ahora está bien y está pendiente de mí. Me hace comidas que me gustan, está conmigo cuando me siento mal, me pregunta por mis estudios…

—Parece, pues, que tienes una buena familia. Pero, Nina, te acabo de escuchar algo que me llamó la atención. Dijiste con relación a tu madre: «Ahora está bien». ¿Qué quieres decir con eso?

—Bueno, que no siempre lo estuvo. Cuando yo era niña, ella estaba mal. ¡Pero no quiero hablar de eso! Me hace sentir mal y no quiero.

—Vale, Nina, iremos despacio y hablaremos de lo que quieras y puedas. Dime, ¿qué más cosas hay en tu vida que te hacen sentir bien?

—Tengo mi habitación y allí me dejan tranquila, aunque están preocupados. También tengo algunos buenos amigos y buenas amigas. A veces voy con ellos de excursión y a alguna fiesta, pero no me interesa mucho lo que hacen.

—¡Vaya! Parece que ya no te importa demasiado lo que pasa ahí fuera.

—La verdad es que no. Los demás tienen otros gustos y prioridades, y a mí no me llama nada de eso.

—Eso me lleva a pensar que, a lo largo de tu vida, lo que pasaba en el mundo que te rodeaba quizás no respondía a tus intereses o a lo que necesitabas… —aventuró Amalia.

—Pues no. Nadie me entendía. ¡Pero te dije que no quería hablar de eso!

—Está bien, Nina. Hablamos de lo que quieras y cuando quieras. Dime una cosa: siendo que no te interesa mucho lo de los demás..., ¿qué tal están yendo las cosas aquí, entre tú y yo? ¿Sabes?, cualquier relación tiene su propio idioma, y yo quiero aprender el tuyo para poder entenderte.

—No está mal. Me escuchas y me respetas. Y eso ya es mucho por hoy.

—Vale. Entiendo que quizás eso, que te escuchen y respeten, no ha abundado en tu vida...

—Pero no quiero hablar de eso. Solo de lo que me hace feliz.

—De acuerdo, Nina. Lo respeto. Hoy ya estamos acabando. Solo una cosa más, para que puedas reflexionar esta semana: hoy he hablado con la Nina que se siente bien. Pero sé que también hay una que a veces se siente mal. Allá donde esté, quiero que sepa que yo la espero.

—Vale.

—Dime, ¿cómo te vas ahora, al final de nuestro encuentro?

—Un poco mejor. Siento que se puede hablar contigo.

—Del modo que sientes esto, que estás mejor, permítete conocer cómo lo notas en tu cuerpo y llévatelo contigo.

—Me siento más relajada y aliviada.

—Date unos segundos para conocer estas sensaciones tal como las notas en tu cuerpo.

—Vale, las siento en el pecho y el vientre.

—Perfecto, Nina. Permítete observarlas durante unos segundos y estudia cómo son y cómo evolucionan. —Se crea un silencio largo para la auto-observación—. Nos vemos la semana que viene.

—Vale.

Nina se fue de este encuentro un poco más vitalizada. Amalia quería hacer las cosas despacio, para que la muchacha sintiese que en la relación con ella tenía un espacio para poder ser ella misma y empezar a desarrollar una experiencia de conexión humana. Al mismo tiempo, sembró algunos mensajes en Nina, para que supiese que la iba a respetar, y que también sabía de la existencia de la Nina triste.

Capítulo 3

La siguiente semana, Nina llega con un ánimo muy bajo. Responde con pocas palabras, cortante, huidiza de Amalia. Dice tener pocas ganas de hablar y evita mirarla.

—Hola, Nina. Hoy te veo un poco triste.

—Sí, no tengo ganas de hacer nada. Vengo solo porque me mandan —dice mientras baja la mirada.

—Ya veo. Parece que hoy viene una Nina muy diferente de la que vi la semana pasada.

—¡No tengo nada que ver con esa! Ella está feliz, pero yo me siento sola.

Nina sigue mirando al suelo y a otros lados de la habitación, evitando el contacto con Amalia.

—¡Vaya! Parece que no os lleváis muy bien.

—No. Ella no quiere saber nada de mí y yo tampoco de ella, ya no creo que nadie pueda ayudarme. Estoy aquí porque me obligan a estarlo, pero yo no quiero.

—Mmm... No sé mucho de tu vida, Nina, pero en lo que te escucho veo que ya no tienes esperanza.

—No.

—Y eso me hace pensar que algún día, cuando quizás aún esperabas algo, los demás no te respondieron de la manera que deseabas y necesitabas.

Nina mira ahora con cierta curiosidad a Amalia, se abre un poco más levantando tímidamente la mirada. Esto en sí indica que despierta su curiosidad y sale un poco de su refugio para ver qué hay afuera. Responde que, cuando era una niña de solo cuatro años, su madre perdió a una hermana dos años menor que ella. Eso fue algo muy traumático para la madre, hasta el punto de que se quedó deprimida y desinteresada de todo; pasaba los días en cama, llorando y triste.

El padre de Nina se sentía impotente y desbordado, tenía tanta preocupación por lo que estaba viviendo su mujer y quería ayudarla tanto que estaba ausente con Nina. Así, le reprochaba que diese problemas con su llanto y estaba irritable con ella.

—Nina, lo siento. Eras todavía tan pequeña y necesitabas tanto a tus papás… Habías perdido no solo a tu hermanita, sino también a tu mamá y a tu papá.

En este preciso momento, Nina levanta la mirada y la mira desde abajo: Amalia ha dado en el clavo y ha sabido ver aquello que Nina no le decía. Ahora se siente vista, y asiente levemente y permanece callada.

—Eso duele mucho a una niñita, el sentir que ya no le importa a su mamá. Que ella prefiere estar triste y con la hija que perdió. Muchos niños pequeños pueden creer que son menos importantes que la hermana que se fue.

—A ella no le importaba nada, solo estar en su propio dolor.

—Ya... Supongo que no servía de mucho el pedir o el llorar, si estaba tan ausente.

—No. Yo me encerraba en la habitación llorando y nadie venía. Lloraba hasta que me quedaba dormida. A veces papá entraba y me reñía, me decía que no podía llorar, que teníamos que cuidar de mamá y que ya tenían bastantes problemas en casa.

—¡Guau, Nina! Eso duele mucho. Parece que se habían olvidado de que una niña sigue necesitando atención y cuidado. No tenías a mamá, y papá respondía mal a tus lágrimas, las veía como una molestia.

—Sí, aprendí a no molestar, a no pedir.

—Eso fue inteligente, Nina. Quizás así, al menos, sin mostrar lo que necesitabas, no tenías que vivir el rechazo y la desaprobación. Y eso era lo que te pedían para ser una buena hija.

De nuevo, Nina asiente con la cabeza y vuelve a mirar desde abajo. Es como si se asomase desde una cueva y viese al otro afuera.

—Es muy duro. Muestras lo que necesitas y lo pides y no hay nadie. Nadie que sepa responder y confortarte. Supongo que dormir en la cama era como un consuelo.

—Allí podía tratar de olvidar y esperar que viniese otro día.

Amalia se da cuenta de que Nina necesita una historia diferente a la suya para poder entenderse a sí misma. Intentando estimular su curiosidad, le dice:

—¿Sabes lo que me viene a la cabeza, Nina?

Ella, callada y sin moverse, sigue mirándola desde abajo, interesada.

—Lo que hacen los osos cuando llega el invierno. Como hace frío y no pueden conseguir comida, se meten en una cueva a hibernar. Son capaces de poner su metabolismo en un estado de letargo, de bajo consumo, para dejar que pase el tiempo hasta que llegue la primavera de nuevo y tengan calor y comida. Ellos lo hacen de manera natural, es inteligencia programada. Parecen como muertos, pero no lo están, solo disminuyen su temperatura corporal y sus palpitaciones para consumir menos. Durante todo el invierno pierden cerca del 40 % de su peso, pero así pueden atravesar un largo tiempo sin alimentos cuando no los hay. Pueden, pues, vivir con sus necesidades en estado de letargo, necesitando y consumiendo lo mínimo. Al despertar en primavera, es como si llegase una nueva vida, y vuelven a comer con muchas ganas. Ellos tienen la suerte de vivir en entornos donde muchos salmones se van al río y comen todo lo que pueden para recuperar el peso perdido.

Nina, cautivada, escucha con atención, sin parpadear ni decir nada.

—Los humanos que viven en ambientes donde no hay el alimento que necesitan también pueden hacer algo similar: ponerse como en un letargo, apagar sus necesidades y su vida emocional mientras atraviesan un largo desierto en el que no hay atención, cuidados o el amor que necesitan, y así dejar que pase el tiempo y llegue algo mejor, o crecer y poder encontrar otro lugar.

—¿Quieres decir que para mí dormir es algo así?

—Bueno, ¿tú que crees?

—No lo había pensado nunca. Puede que sí. ¿Y eso es inteligente?

—Lo es. ¿Sabes? Nuestro cerebro más antiguo, como pasa también con los osos, sabe cómo poner en pausa nuestras necesidades cuando hay poco alimento afectivo, poca atención, esperando a que algún día, al crecer, vengan tiempos mejores: que nuestros padres cambien, que quizás conozcamos a alguien que nos quiera y con quien podamos construir nuestra propia familia… Es simplemente una manera inteligente de atravesar un largo desierto en el que hay poco.

—Nunca lo había visto así. Entonces, ¿yo no soy el problema?

—¡Oh, no! Lo que sucede es que una vez fuiste una niña pequeña que vivía en un ambiente difícil.

—Sí, me metía en la cama, me agarraba a mi osito preferido. Él siempre estaba, podía hablar con él, me quería y me daba calor. Después de mucho llorar y no venir nadie, me dormía agotada, sin esperar ya nada ni a nadie, esperando no despertar, morir, o que al día siguiente cambiase algo. Pero siempre era igual.

—Lo siento, Nina. Es muy doloroso para una niña tan pequeña que aún necesitaba tanto a su mamá y a su papá.

Al oír esas palabras, Nina asiente con la cabeza, dándole la razón a Amalia.

—No dejo de preguntármelo, Nina. ¿Qué hace una niña tan pequeña para no tener que necesitar? Enséñame.

—Pues no sé, pasó hace mucho tiempo.

—Es verdad. Pero la niña que fuiste y estuvo allí lo sabe. Ella sigue activa en algún lugar escondido dentro de ti. De hecho, ya nos ha estado contando algunas cosas hoy. Llámala de nuevo y permítele contar hoy lo que no podía expresar a nadie. Quizás no sabe que has crecido y que hoy tienes veinte años. Preséntale a la mujer de veinte años que está aquí conmigo y no está sola.

—Bueno, lo intento. Pero no sé si funcionará.

—Ella está aún viva y activa dentro de ti. Aunque hayas tratado de olvidarla, ella estuvo allí y sabe cómo sobrevivió. Invítala a venir. —Amalia se queda callada unos segundos, para dejarle un poco de espacio a Nina—. ¿Puedes notarla en algún lugar de tu cuerpo?

Amalia la está ayudando a escuchar su cuerpo, y a que la Nina niña que vivió la experiencia dolorosa pueda activarse y manifestarse en él.

—Siento una presión en el pecho.

—Bien. Quizás está hablando en esa presión. Permítete observar esa presión y pídele que te muestre lo que esa presión lleva dentro. Ábrete a conocer y aceptar lo que venga.

—Viene la imagen de una niña de unos cinco años llorando en su habitación.

—Bien, vamos a darle nuestra atención y tiempo para escuchar lo que viene a contarte.

Con esto, Amalia quiere ayudar a Nina a que empiece a relacionarse con su parte niña desde la mujer de veinte años que es hoy.

—Llora y no viene nadie. También está muy enfadada.

—Como sea que tú sientes ese enfado o su tristeza en algún lugar de tu cuerpo, vamos a escuchar lo que lleva ese enfado.

—Está muy enfadada porque no viene nadie. Ya no quiere querer a sus padres. Se ha vuelto dura y fría. No espera nada ni a nadie. Piensa que para qué habrá nacido si nadie la quiere. Solo quiere morir y acabar cuanto antes.

—Eso es muy doloroso. ¿Qué sientes tú hacia ella desde tus veinte años?

—Nada, indiferencia.

—Entonces, parece que lo que tú sientes no es muy diferente de lo que su mamá le mostraba entonces; ella estaba tan triste por haber perdido a su otra hija que parecía no importarle nada. Así que esa niña de cinco años sigue viviendo algo parecido en la relación contigo.

—Ya. Pero no siento nada.

—Quizás eso forma parte de su historia. Vivir sin sentir nada la ayudaba a no necesitar un amor, cuidados y atención que no venían nunca de nadie.

—Puede ser.

—Bueno. Una niña que tuvo que dejar de necesitar ahora requiere que seamos pacientes con ella. Quizás necesita comprobar que no la vamos a olvidar una vez más. Dile que hoy estamos llegando al final de nuestro tiempo. Pero que la estamos viendo. No es invisible para nosotros. Yo la veo, sé que existe y no vamos a olvidarla ya nunca más. Dile que el próximo día volveremos a llamarla para ayudarla.

—Vale.

—¿Cómo se queda la niña de cinco años?

—Más tranquila, pero con dudas y con miedo.

—No la vamos a olvidar, volveremos con ella.

—Se siente un poco mejor.

—Quizás estamos haciendo algo bien. Deja que la niña te diga el qué.

—Nunca nadie la había entendido así.

—Dale las gracias y guárdala en algún lugar especial dentro de ti por hoy.

Capítulo 4

La semana siguiente, Nina llega a la hora a su sesión. Esta vez viene de nuevo en aparente normalidad. Amalia le pregunta cómo fue la semana, y Nina le dice escuetamente que bien. Al preguntarle cómo fue con la niña de cinco años que salió la semana anterior, Nina replica que no se acordó de ella y que hoy no quiere hablar de nada que la haga sentir mal, que todo está bien.

—Entonces, Nina, ¡hoy hay muchas cosas buenas en tu vida de veinte años! Estás estudiando lo que quieres, Educación Infantil, y puedes relacionarte con quien tú quieres. ¿Sabes? Esto es muy diferente de lo que podías hacer de niña, cuando tenías que ir al colegio y no podías elegir a tus compañeros.

—Sí, la infancia es un fastidio. Pero no quiero hablar.

—Vale. ¿Por qué has elegido estudiar Educación Infantil?

—Siempre me han gustado los niños, quiero enseñarles y ayudarles.

—¿Qué te gusta de eso?

—Ellos son inocentes y frágiles. Yo sé cómo tratarlos. Además, no tienen malicia. Bueno, algunos ya empiezan a tenerla, pero en general son buenos.

—Qué bien, Nina. Me gusta tu sensibilidad y tu generosidad para con los niños. Algún día serás una maestra ejemplar y los niños te querrán mucho.

—Lo hago porque quiero.

—¿Sabes?, aunque no quieres hablar de ello, me pregunto si la niña de cinco años que conocí la semana pasada conoce a la mujer de veinte que quiere ayudar a los niños.

—Está muy lejos.

—¿Recuerdas lo que conté de cómo sobreviven los osos en invierno, esperando a que lleguen los tiempos mejores de la primavera para poder satisfacer su hambre de nuevo?

—Sí.

—¿Qué te parece si hacemos un experimento?

—¿De qué se trata?

—Podemos enviar un emisario de correo a la niña de cinco años que está lejos con fotos de cómo es tu vida hoy, y enseñarle que en tu vida actual las cosas son mucho mejores que cuando ella sufría. ¿Qué te parece?

—Podemos probar.

—Pues envíale un mensajero con fotos y escenas que reflejen cómo son tus padres de hoy, cómo te cuidan y te quieren, quiénes son tus amigos, cuáles los estudios que estás realizando y tus planes de vida. Y todo aquello que es importante y agradable en tu vida de los veinte años.

—Está encerrada en una habitación llorando. No quiere saber nada de mí ni de nadie.

—Bueno, quizás sea normal. Ella estuvo tantas veces esperando que alguna vez alguien fuese a consolarla y se interesara por ella... Y nadie acudía a su llanto. Y también tú te olvidaste de ella durante la semana.

—Está enfadada.

—Tuvo que aprender a sobrevivir sin contar con nadie. Quizás trató de olvidar qué necesitaba para no sufrir todavía más.

—Ya, pero…

—Seamos pacientes con ella. Deja que el mensajero le enseñe las fotos de tu vida de hoy, simplemente, sin exigirle nada.

—Vale.

La imaginación y el esfuerzo hacen el resto a través del mensajero. Después de un buen rato, Nina sigue concentrada, y Amalia le pregunta:

—¿Cómo está, cómo reacciona?

—Ha empezado a mirar las fotos. Pero no se lo cree, no cree que importe a nadie.

—Nina, como futura maestra y educadora de niños, si vieras a una niña así, ¿qué harías?

—Me acercaría cariñosamente y le hablaría con dulzura preguntándole qué le pasa.

—Déjale saber a la niña por el mensajero que hoy tú sí sabes cómo tratar a una niña de su edad, que estás estudiando para ello y que tienes amor en tu corazón.

Después de un tiempo de silencio, Nina dice:

—Ahora me mira.

—Bien, ¿qué sientes hacia ella?

—Cariño.

—El cariño es la mejor medicina para una niña triste y que se siente sola. Dale instrucciones al mensajero para que pregunte a la niña si le gustaría que tú fueses a donde ella está en la habitación.

No es tan fácil y, al cabo de un rato, Nina responde:

—Está escéptica.

—Es normal, le costará trabajo creerte después de tanto tiempo sola. Acércate lo que ella acepte y exprésale tu cariño sin pretender nada más.

Unos momentos después, hay un cambio en la niña:

—Me mira con más curiosidad. —Una señal de que encuentra algo distinto y agradable fuera de su cueva.

—Eso es buena señal. Sigue con ella. Pregúntale si quiere contarte ahora cómo es su vida ahí, en sus cinco años.

Amalia observa que Nina está mirando sostenidamente un punto fijo en el espacio mientras está conectada con la niña de cinco años.[1]

—Nina, mantén tu mirada en ese punto en el que estás mirando. ¿Es ahí donde sientes más en tu cuerpo la conexión con la niña?

Sin decir nada, Nina asiente con la cabeza.

—Sigue escuchando y acogiendo lo que quiera mostrarte.

La niña de cinco años le expresa llorando lo sola que se siente y lo poco importante que se cree para su madre y su padre.

---

1 La mirada fija en una posición ocular se conoce como *brainspot* en la técnica de reprocesamiento del trauma denominada *brainspotting*. Ayuda a mantener una atención plena muy enfocada y a localizar en el cerebro el área donde está registrada la experiencia, en este caso dolorosa, para que pueda ser reprocesada, descargada y transformada.

Cree que la madre quiere más a la hija que murió, que se quiere ir con ella y abandonarla porque Nina no tiene el carácter espontáneo y juguetón que tenía su hermana. La niña siente que hay algo malo en ella por lo que la mamá no la quiere como a su hermana, y que es una carga para los padres. Le dice que quiere morirse para no ser un problema y así los padres podrán ser más felices.

Más tarde, expresa su rabia e impotencia por no poder obtener la atención de los padres y escuchar los reproches del padre por llorar y «dar la lata» a mamá.

Tiene miedo a que nunca nadie la quiera porque es mala y tiene defectos. A medida que la niña cuenta la historia de su dolor, la Nina de veinte años comienza a sentir más empatía.

—¿Qué sientes hacia la niña ahora?

—Amor y respeto.

—Esas son las mejores medicinas. Date un tiempo para expresárselo.

Pasado un tiempo prolongado de silencio sostenido, Amalia retoma la conversación.

—¿Cómo reacciona a tu amor?

—Se suelta a llorar y viene a mis brazos.

—Qué bien. Dale tiempo para que esté en tus brazos y pueda seguir contándote todo lo que necesite.

Y poco después, Nina le explica a Amalia:

—Está durmiendo en mis brazos. Estaba muy cansada.

—Bien. Déjala que pueda descansar en tus brazos. Necesitaba tanto apoyarse en alguien...

Nina sigue concentrada y Amalia va preguntándole cómo está la niña pequeña. Tras un largo silencio, Nina dice:

—Está creciendo. Ahora es como de nueve años.

—Dale tiempo y quédate con ella.

Las dos permanecen calladas hasta que, ante la pregunta de Amalia, Nina responde que la niña ya no es tan niña, y es casi de su tamaño y edad. Amalia la anima a darle más tiempo todavía y no dejarla sola y, pasados unos minutos, le pregunta por última vez:

—¿Ahora como está?

—Es como yo, se ha integrado en mí.

—Bien, Nina. Hazle un sitio especial en tu corazón y dale las gracias. Ha hecho un gran e inteligente esfuerzo por seguir adelante a pesar de lo que vivió. Tú eres la que eres porque ella lo hizo bien.

—Nunca lo había visto así.

—¿Cómo te sientes tú ahora?

—Pues me siento más entera y completa, como más liberada y alegre.

Amalia, con una ligera sonrisa en los labios, contesta:

—Para acabar, Nina: date un tiempo para ver cómo la curación que recibió hoy esta niña puede ayudarte en tu vida de los veinte años.

—Me veo más espontánea y con ganas de relacionarme con mis compañeros y amigos. Tengo ganas de ir a bailar y a la playa, ahora que estamos cerca del verano.

—¿Y con tus padres?

—Veo que mamá y papá lo pasaron muy mal con la muerte de mi hermana. No tenía nada que ver conmigo. Perder una hija es muy duro. Pero ahora me quieren bien y les agradezco lo que hacen por mí.

—Nina, has hecho muy buen trabajo. Me alegro de haberte sido útil.

—Te estoy muy agradecida, Amalia. Nunca creí que pudiese salir de la tristeza y ahora me siento completa.

—Eso es perfecto, Nina. Vuelve a tu vida y vívela con toda tu alegría. Algún día los niños a los que ayudarás en tu profesión gozarán de tu amor y tus cuidados.

Epílogo

I. ¿Cómo llegamos a construir la idea de quiénes somos?

A lo largo de nuestro desarrollo vamos dándonos respuestas a las preguntas de: ¿quién soy?, ¿quiénes son los demás para mí?, ¿quién soy para los demás?, ¿qué es la vida? Damos forma a las respuestas a estas preguntas dependiendo de la calidad de los tratos y los cuidados que recibimos.

Como niños pequeños, aprendemos a sentirnos dignos e importantes por el modo en que nos tratan nuestros cuidadores principales. Especialmente quien adopta el papel de cuidador primario, generalmente la mamá por la conexión biológica que tiene con el bebé, que tiene la función de regular y calmar el mundo interno de este: atendiendo sus necesidades de manera adecuada, facilita que recupere su estado de bienestar, dándole el tipo de nutrición (física y afectiva) que necesita en función de cada estado de necesidad.

La madre es, pues, el regulador de la bioquímica interna del bebé. Sabemos que en una relación de empatía y amor se segregan las hormonas serotonina, oxitocina y otros opioides, que están implicados en el «sentirse bien» y vinculados con otros.

Un idioma importante es el tacto. La investigación nos revela que el sentido del tacto emerge a las siete semanas de vida intrauterina y siempre es dominante sobre los demás sentidos. Habla de la importancia del contacto físico y la conexión afectiva entre el cuidador y el bebé.

Es gracias a la calidad de estas conexiones tempranas en nuestra vida como nos sentimos dignos y valiosos; esto es algo sentido en el cuerpo. Así que nuestro sentido más básico del yo, de quiénes nos sentimos que somos, es vivido en nuestro cuerpo.

Los cuidadores atentos, presentes y afectivos ayudan a que el niño «construya» un sentido de quién es valioso y merecedor de amor y respeto. Amor y respeto son los dos requisitos básicos para sentirnos bien en una relación; uno no es bueno sin el otro. Y cuando hemos aprendido esto bien cuando somos niños luego tendremos los elementos para seleccionar y elegir bien nuestras relaciones más íntimas.

Cuando tus cuidadores te manifestaban amor estable y atención consistente, al tiempo que te dejaban espacio para descubrir y explorar el mundo, en algún momento de tu desarrollo aprendiste a mantenerlos dentro como fuente estable de regulación emocional (saber cómo calmarte) y de autoamor. Con ello pudiste construir una relación interna con tu mundo de necesidades y deseos de buena escucha, respeto y autoaceptación. Esto es lo que nos ayuda a sentirnos seguros de nosotros mismos y tener una buena autoestima. Así habitamos nuestro mundo interno de experiencias con un ambiente de amistad con lo que sentimos y pensamos.

Por cierto, ¿cómo te llevas contigo mismo?, ¿cómo te tratas y te sientes con tus propios sentimientos e ideas?

Amarte implica respetar tus deseos, necesidades y afirmar tus ideas sin necesidad de pisotear las de los otros, aprender a convivir honrando las diferencias. Quizás esto está reñido con una idea muy popular del egoísmo, pero, como decía Oscar Wilde, el egoísmo no consiste en vivir como nos parece sino en exigir que los demás lo hagan como nos parece a nosotros.

Si los cuidadores te daban un trato con un afecto frío y distante, quizás tuviste que aprender muy pronto a no contar con ellos, ya que el acudir y necesitar el contacto no era gratificante, más bien era frustrante, y también doloroso. Como niño probablemente desarrollaras un sentido de que no importas, de que no cuentas con nadie y de que tienes que bastarte a ti mismo.

Puede que, de otra manera, encontrabas a tu cuidador o cuidadores habitualmente cariñosos pero nerviosos, ansiosos e inseguros, con miedos a lo que pudiera pasarte o pasarles a ellos mismos. Si tenías cuidadores preocupados y asustados, esto fomenta una experiencia confusa de sentirse querido, pero, al mismo tiempo, el contacto y los cuidados no llegan a calmar y restablecer la sensación de calma y bienestar.

De algún modo, el miedo de los cuidadores se inocula en el niño. De adultos podemos replicar este estado de insatisfacción en el contacto con los demás, bien sea no sintiéndonos nunca del todo satisfechos, bien transmitiendo a los otros nuestra agitación e inseguridad interna.

PREGUNTAS DE REFLEXIÓN:

— ¿Cuál sientes que fue tu modelo primario de cuidados?

— ¿Cuál es el concepto profundo, íntimo, de ti mismo?, ¿qué sientes para contigo mismo? ¿Y cómo te sientes para con los demás? ¿Y sobre la vida?

— ¿Cómo está esto condicionando o marcando la manera en que hoy te relacionas o conduces tus relaciones con los demás? ¿Te compartes íntimamente en lo que sientes, piensas o te molesta? ¿Sabes mantener lo que te diferencia y, aun así, permanecer en la relación, o necesitas alejar al otro para sostener lo que te diferencia?

Claro que nuestra manera de funcionar en el mundo es el resultado de nuestras experiencias previas con las personas que formaron parte de nuestros cuidados y que nos ayudaron a crecer. Es verdad, todo esto ha dejado una huella profundamente marcada en nuestro sentido más hondo y corporal de cómo sentimos que somos.

Pero, al igual que Nina, hemos dado un significado a los acontecimientos y experiencias muy autorreferencial. Nina no podía comprender que la actitud de sus padres no se refería a ella y no había empezado con ella, sino que era la manera aprendida por ellos de cómo manejar su dolor por la pérdida de su otra hija; incluso diríamos que su manera de afrontar una pérdida tan importante estaba ya marcada por cómo habían vivido durante su desarrollo otras pérdidas afectivas.

Como niña, Nina creía que ella no valía tanto como su hermana, que era menos importante. Solo después de su curación pudo transformar su dolor y adoptar un nuevo significado sobre sí misma y las circunstancias que vivieron sus padres.

También tú, y todos, podemos volver a mirar el malestar que nos acompaña desde nuestro pasado para revisarlo con los recursos de nuestra mirada de adultos. Esto es tanto más fácil cuando tenemos en nuestras vidas adultas recursos y experiencias que nos dotan de una nueva visión esperanzadora de la vida. Ahora el trabajo es cómo hacer llegar estas experiencias y estos recursos que hoy tenemos a los lugares y tiempos de dolor donde no los teníamos.

Muy habitualmente, aunque dispongamos en nuestra vida presente de condiciones positivas y amor, este no se comunica y no afecta a nuestro dolor encapsulado todavía en nuestro pasado. Es como si viviesen en compartimentos diferentes y estancos, sin que el dolor enraizado en el pasado conozca que hoy tenemos otra condición de vida ni que nuestros recursos de hoy sepan cómo afectar a nuestro sufrimiento pasado ni cómo rescatarlo. Podría decirlo de otra manera: nuestra mente consciente (nuestro neocórtex) sabe que hoy podemos tener una buena vida, pero en nuestro inconsciente y nuestro cuerpo (nuestro subcórtex) seguimos sintiendo miedos que denominamos «irracionales», angustia y/o ansiedad, un estado depresivo… Es como si lo que hoy sabemos no afectara a cómo nos sentimos. También aquí vemos que la experiencia que pertenece a nuestro presente puede no afectar a la experiencia registrada de lo vivido en el pasado.

—¿Qué tienes hoy en tu vida que no tenías en tu pasado (amigos, hijos, trabajo, posibilidades…)?

—¿Qué está dificultando que lo que tienes hoy no acceda a tu dolor o malestar atrapado en tu pasado y lo transforme?

—A veces hay filtros internos, en nuestra conversación privada y silenciosa, que devalúan la importancia de lo que tenemos («me quiere, pero me dejará algún día porque se cansará», «me quiere, pero yo no lo merezco porque soy una carga», «solo me lo dice porque me quiere hacer sentir bien»…). Identifica tus filtros internos que menoscaban tus riquezas actuales.

A los veinte años Nina tenía unos padres que podían darle la atención y los cuidados que no habían sido capaces de darle cuando tenía cinco años. Pero las estrategias que la niña de cinco años puso en marcha para sobrevivir (*«no necesitar de los demás»* y asumir *«yo no soy importante para los otros»*) seguían manteniendo aparte lo que hoy había en su vida.

Y tú, ¿cómo mantienes los recursos de que dispones hoy separados de tu dolor?

II. El trauma emocional como dolor enterrado y grito silenciado: la disociación como mecanismo de manejo del mundo emocional

El trauma emocional es una experiencia que fue vivida como emocionalmente desbordante, que sobrepasa la capacidad de manejo de la persona y que supuso una amenaza inescapable para la supervivencia. Que haya sido inescapable implica que teníamos que emplear mecanismos extraordinarios para poder sobrevivir y seguir adelante.

En amenazas más normales podremos escapar o luchar, pero ante lo inescapable tenemos que poner en marcha otras estrategias basadas en tratar de pasar desapercibidos (por ejemplo, hacernos el muerto o hacer lo menos posible), mostrarnos sumisos y complacientes para que el otro no nos agreda o desprecie, paralizarnos y no ofrecer resistencia y, si la amenaza continúa presente por mucho tiempo, anestesiarnos contra el dolor físico y emocional entumeciendo nuestras emociones.

Hay una inteligencia para sobrevivir: huir del dolor. Nuestro cerebro más antiguo, que llamamos subcortical (la suma de nuestro cerebro emocional —límbico— y nuestro cerebro reptiliano —encargado de las funciones vitales como respirar o el metabolismo—), viene ya programado con los mecanismos necesarios para ayudarnos a mantenernos vivos.

Por ejemplo, el bebé «sabe» que para mantenerse vivo tiene que apegarse al cuerpo de la madre y buscar el pecho, y luego mamar para alimentarse. Las crías de todos los mamíferos vienen con este programa reflejo ya programado. A lo largo de nuestra evolución como especie (filogenética) nuestro sistema nervioso fue seleccionando inteligentemente los programas elementales para sobrevivir desde los primeros días de la vida. Los programas para sobrevivir no necesitan ser pensados ni reflexionados, esto nos haría demasiado lentos para reaccionar a situaciones de peligro.

Como he dicho, nuestro cerebro subcortical toma el mando y dispara qué hacer cuando tenemos que enfrentarnos a algún tipo de amenaza para la vida. Por cierto, la lejanía de nuestros cuidadores (o de la manada en el caso de los mamíferos) comporta peligro para la cría, ya que los depredadores pueden cazarla más fácilmente.

Nina, con solo cinco años, siente que sus padres, muy especialmente su madre, se distancian de ella. Hace todo lo posible para recuperarla y llamar su atención. Llorar es el programa para llamar al cuidador. Pero los padres están tan colapsados y absortos en su propio sufrimiento que se quedan atrapados en él y no responden a Nina, o si responden, como el padre, lo hacen de manera reprobatoria, que Nina recibe como rechazo, y hace que sienta que hay algo malo en ella por necesitarlos.

Esto es cuna para un sentimiento de vergüenza profundo y doloroso en Nina. Su programa de llamada se ve frustrado e incluso atacado; depende de sus padres, los necesita y no tiene otra opción como fuente de cuidados, pero estos mismos son la causa de su sufrimiento.

Nina encuentra que para sobrevivir y evitar el dolor del rechazo es mejor dejar de pedir y, más aún, de necesitar, trata de dejar de llamar la atención quedándose encerrada en su habitación.

Para una niña tan pequeña esto implica un esfuerzo descomunal del sistema nervioso. Su cerebro subcortical tiene que poner en marcha mecanismos extraordinarios para frenar e inhibir sus necesidades afectivas y emocionales, tratar de no necesitarlos, de no quererlos, para poder seguir sobreviviendo por sí misma, bajo mínimos.

La analogía de la hibernación del oso es un ejemplo de cómo este mecanismo también está en otras especies animales cuando hay escasez de recursos para la vida. En el oso es orgánico, natural, pero para un humano es extraordinario e implica frenar los sistemas naturales que son necesarios para un crecimiento armonioso y una adecuada maduración.

Nina trata de adaptarse a las circunstancias que le toca vivir. Sus padres no están disponibles, si los necesita, encuentra un doloroso rechazo. Su cerebro subcortical sabiamente encuentra que «es mejor frenar sus necesidades y ponerlas a hibernar que acudir a quien podría satisfacerlas» (se queda llorando sola en la habitación, con la creencia de que nadie acudirá a consolarla y estará sola). Así evita la punzada dolorosa de la vergüenza, el sentimiento de rechazo y abandono.

El precio es concluir, así lo hacen inteligentemente muchos niños que viven circunstancias desfavorables, que no vale, no es importante y hay algo malo en ella. No necesitando y no sintiendo, cosa que no es posible por siempre, consigue temporalmente apartar su dolor, huir de él.

De manera natural, el dolor nos informa de que algo anda mal para que lo atendamos. Pero, cuando al dolor se responde con algo que todavía lo acrecienta más, lo inteligente es tratar de anestesiarlo, no sentirlo; de manera incluso más extrema, extirparlo. Como he señalado, esto no lo hace ningún niño con su cerebro más humano (llamado neocórtex), que tampoco está todavía maduro, sino que es su cerebro subcortical el que de manera inconsciente y automática sabe cómo ayudar a sobrevivir.

Nina crea una división en sí misma. Cuando tiene veinte años lleva una vida aparentemente normal, pero sin ilusión ni color, vive un tanto robotizada. Y ha hecho algo extraordinario: renegar de las experiencias de dolor que vivió cuando tenía cinco años y posteriormente. No quiere saber nada del dolor que experimentó siendo niña. Quiere olvidarla y prescindir de ella.

En psicología se llama a esto disociación: una manera de escindir o tratar de separarnos de aspectos de nuestra experiencia que nos resultan insoportables y dolorosos. Esto crea, pues, una división interna en los sentidos del yo de Nina: a veces se vive y se siente como la niña de cinco años que se quedó con una madre deprimida y un padre desbordado y ausente, y otra, como una muchacha de veinte años que lleva una vida «aparentemente normal» pero carente de un cierto grado de vitalidad, naturalidad y afectividad. Es como el cerebro subcortical trató de huir del dolor para sobrevivir.

El problema es que lo que fue inteligente cuando la niña tenía cinco años y no podía elegir ningún otro entorno luego se instaló y se consolidó como un mecanismo habitual de manejo del mundo de sus emociones y sus necesidades, ya muy lejos del tiempo en que fue algo necesario e inteligente.

Nina aprendió a dejar a su niña de cinco años encerrada en la habitación, llorando y desatendida, para no experimentar el dolor y seguir adelante esperando que quizás algún día las circunstancias cambiaran. Pero a los veinte años, cuando las circunstancias ya han cambiado, sigue tratando de separarse de su dolor.

Como vemos, esto no es posible de manera permanente, así que se alternan períodos de una vida aparentemente normal con otros de experimentación de dolor y depresión. Es como nuestra experiencia dolorosa, que fue guardada en una cápsula interna, busca la manera de salir a la superficie, a la luz. Pero habitualmente manifiesta la misma estrategia con la que sobrevivió, no quiere pedir ayuda ni necesitar a nadie, no tiene esperanza.

Esta misma actitud se replica en la propia relación que la Nina de veinte años tiene con la de cinco años: no quieren saber nada la una de la otra. En principio va a la terapeuta, pero no quiere dejarle ver su dolor. Podemos decir que lo que un día fue inteligente (poner el dolor a un lado, no sentirlo y huir de él) luego se consolida como algo permanente. Y ya nos olvidamos de volver a buscar a la niña que se quedó sola y aislada con su dolor. La Nina de veinte años no quiere volver a ayudar a la de cinco.

Y así, sin la presencia amorosa de alguien que se acerque amablemente al dolor, este nunca podrá curarse. El trabajo de Amalia es ayudarla a volver al dolor para ahora abrazarlo amorosamente y darle la oportunidad de ser escuchado y así curarse.

¿Por qué el trauma quiere salir a la luz? Por un lado, es su manera de «contar lo que pasó» una y otra vez; por otro lado, sale con la esperanza de que alguna vez encuentre a alguien que lo sepa tratar y responder con amabilidad, cuidado, amor y respeto.

Justamente los ingredientes de lo que faltó en la condición original, y ello para poder contar por fin lo que no pudo contar y ser acogido por un humano ahora amoroso y que sabe responder amablemente. Esta es la condición para que finalmente pueda contarse, completarse, transformarse (por el efecto del contacto con alguien compasivo) y, por último, consolidarse en una nueva visión de sí mismo y de la vida.

La inteligencia para sobrevivir es escapar de lo que nos duele o hace daño. La inteligencia para curar nuestras heridas emocionales tiene que ver con volver a acercarnos y mirar nuestro dolor, nuestra herida, con paciencia, amabilidad y compasión, dando tiempo para que pueda contar lo que nunca pudo antes. Volviendo nuestra cara amable y compasiva hacia nuestro dolor nos reapropiamos de las partes de nosotros mismos que antes habíamos excluido, nos habitamos y nos integramos para sentirnos completos y en paz con nosotros mismos.

¿Cómo mantienes tú separado tu dolor y tu sufrimiento de ti mismo o lo ocultas o disfrazas en tus relaciones con los demás? ¿Cómo está todo esto limitando tu capacidad para llevar una vida más plena y vivir unas relaciones con amor y alegría?

III. Un yo dividido. Entonces, ¿quién soy?

Pierre Janet, un psiquiatra precursor de Sigmund Freud, ya decía que, cuando el cuerpo no puede escapar de una situación que comporta amenaza para la vida, la mente busca cómo no estar en él. De alguna manera, todos tenemos esta capacidad de dejar nuestro cuerpo en la realidad e ir con la mente a otros lugares. Es algo propio de la cultura en que vivimos: dejamos nuestro cuerpo a cargo de la acción y viajamos con nuestras mentes por otros lugares.

Vivimos en nuestros cuerpos sin la consciencia de que los habitamos segundo a segundo, de que es la raíz de nuestro yo más íntimo, nuestro hogar físico. Es en nuestro cuerpo donde ocurre y se registra cada experiencia; la mente solo la representa y piensa sobre ella, tal como demuestra el científico Antonio Damasio en sus investigaciones y libros.

Pero el ser humano es capaz de alejarse de la experiencia (el cuerpo) y estar absorto en la verborrea mental de sus pensamientos una gran parte del tiempo sin ser consciente de lo que experimenta en el cuerpo. ¿Cuántas veces estás comiendo conscientemente y degustando todos los sabores que puede identificar tu lengua? Cuando paseas, ¿eres consciente de todo lo que ves, hueles, sientes…, o vas absorto en tus pensamientos?

Así que siempre hay un yo que está enraizado en la corporalidad que habitualmente nos siente ausentes de él y otro yo que vive desde los pensamientos y los conceptos sobre la vida. Este otro yo es el que trata de resolver, pensar…, y está lejos del que habita en el cuerpo.

Hemos aprendido a separarnos de nuestras necesidades para poder enfocarnos muchas veces en lo que se nos pide que seamos, en lo que se nos exige hacer. ¡Hay tanto en nuestra educación que orientó nuestro sentido de valía en obtener buenas notas, resultados y logros! Se nos programó para que la fuente de nuestra autoestima esté en lo que hacemos según lo que es valorado como importante por otros.

Luego, cuando nuestra vida profesional acaba, podemos encontrarnos vacíos y reflexionando si hemos vivido la vida como nosotros hubiéramos deseado o como nos han dicho otros. Esto crea un grado de alienación, de separación de nosotros mismos. Llevamos tantos años siendo adoctrinados en la necesidad y el valor de sacrificarnos, de aguantar lo que no nos sienta bien, de agradar a los demás (haciendo lo que ellos quieren y no lo que nosotros queremos) que hemos ido alejándonos de nosotros mismos, sacrificando lo que realmente somos o necesitamos.

Lo hacemos con la intención de ser aceptados y queridos. Como mamíferos humanos, no podemos sobrevivir sin sentir que somos aceptados por nuestro clan familiar. Si lo que está en juego es «ser aceptados» o «ser nosotros mismos, ser auténticos», mientras somos pequeños tiene más importancia para sobrevivir el ser aceptados; así estamos pronto dispuestos a sacrificar, si las circunstancias lo requieren, nuestra autenticidad.

Claro que sacrificar nuestra autenticidad para sentirnos amados implica que hay una parte de nosotros que retiramos de la relación para solo dejar ver la que los otros aceptan o exigen; solo así podemos vivirnos en un falso amor, o bien solo podemos sentir que se acepta una mitad de nosotros. Esto puede ser vivido con un sentido constante de estar insatisfechos.

Creamos al menos una división en nuestro sentido del yo: un yo que se adapta a los demás tratando de ser lo que creemos que se espera de nosotros, de hacer lo que nos dicen que hay que hacer, de vivir como se nos dice que hay que vivir; y otro yo que permanece en la sombra y que guarda los anhelos de ser como sentimos que somos, de vivir como realmente queremos, de ser amados simplemente por cómo somos, pensamos, sentimos.

En casos severos las personas empiezan a sentir una gran confusión en responderse a la pregunta de quiénes son. Muchos expresan «ya no sé quién soy», «no sé lo que quiero en la vida».

Otros muchos viven siempre en la duda y la indecisión de qué decisiones tomar, cuáles les convienen, o con miedo a equivocarse. No existe el miedo a equivocarse, como no existe el miedo al fracaso. Lo que esto refleja es el miedo a cómo respondan los demás, o a cómo respondían los demás, cuando, en su opinión, nos equivocábamos o no nos desempeñábamos de acuerdo a sus criterios. Si la respuesta era crítica, reprobatoria o acusatoria, esto nos recordará el dolor de haber sido rechazados en como éramos y pensábamos. Luego lo mantenemos con una continua inseguridad y miedo a tomar decisiones o a no lograr.

Nina lleva dos vidas, una que corresponde a la muchacha de veinte años que acude a la universidad, estudia y se relaciona a algún nivel con los compañeros, pero carente de ilusión y vivencia de sentido, y otra que sigue anclada en un tiempo en el que experimentaba sufrimiento y desprecio.

Estas dos Ninas no quieren relacionarse. La Nina de cinco años que todavía guarda el dolor de haberse sentido abandonada se mantiene alejada de las relaciones humanas y no quiere compartir en la terapia. Así nunca puede experimentarse en una relación en la que, esta vez sí, sentirse acompañada y cuidada.

Esto perpetúa su dolor y su creencia de «no importo a nadie», «nadie me ve», «no hay nadie para mí» y mantiene un ánimo de desesperanza, tristeza y depresión. Una parte de Nina se relaciona con el mundo aunque a medias; otra permanece alejada y retirada de él, sin acceder nunca al tipo de trato que podría reparar el daño que le había hecho en el pasado otro trato humano.

Y tú, ¿cómo mantienes dividido tu sentido o sentidos del yo?, ¿qué parte de ti enseñas al mundo y qué parte o partes mantienes ocultas o alejadas en las relaciones? ¿Cuál es el precio que esto está teniendo para ti y para tus relaciones? ¿Dónde colocas tu centro de identidad de manera dominante, en la parte que ha adoptado los preceptos de cómo vivir o en la parte que te guía en cómo quieres vivir?

Todo esto nos lleva a vivir vidas a medias o sentir que alguna parte nuestra permanece triste, olvidada, desconocida o no se siente importante para los demás. Quizás muchos llevamos una parte triste, o incluso deprimida, en lo más profundo de nosotros. Este es un sentido de la conocida expresión de santa Teresa «vivo sin vivir en mí», que hoy podríamos traducir como «vivo sin sentir que soy genuinamente yo».

En cualquier caso, ¿quiénes somos más allá de las experiencias que hemos vivido? Si hubiera nacido en otra familia o hubiera tenido otros tratos, ¿sentiría ser el mismo? Entonces, ¿realmente nos vivimos desde nuestra identidad más auténtica o desde lo que hemos concluido por lo que vivimos?

Antes de tener cualquier experiencia o de haber adoptado el nombre que otros nos pusieron ya somos. No es el objeto de este pequeño libro abordar este camino. El lector interesado puede conocer más sobre esto en mi libro *Más allá del yo: encontrar nuestra esencia en la curación del trauma*.

IV. La vía para ser más humanos: No hay loto sin lodo

El maestro zen Thich Nhat Hanh tiene un conocido lema, que también da título a uno de sus libros: «No hay loto sin lodo».[1] En él ilustra que el camino para la felicidad es abrazar el sufrimiento. De hecho, ambos son las dos caras de una misma moneda, no puede haber el uno sin el otro. Conocemos lo que es la verdadera dicha porque podemos contrastarla con el sufrimiento.

En nuestro sistema occidental hemos construido la idea de la felicidad en torno a un planteamiento hedonista de la vida y hacemos lo posible por desterrar el sufrimiento. Miramos hacia otro lado,

---

1 *No mud, no lotus.*

pasamos por encima y rápido («eso ya es pasado, no lo remuevas», «mira para delante, la vida sigue», «no estés triste»), lo ignoramos o queremos enterrar al muerto sin darnos el tiempo de velarlo y despedirnos porque hay muchas cosas que nos están esperando para ser resueltas.

Montamos un sistema que niega el sufrimiento, que se ha olvidado de que la mejor medida para calmar y trascender el sufrimiento es una compañía humana que simplemente lo deje ser, lo permita, lo acepte y, mirándolo de frente, le conceda simplemente seguir su curso: ser expresado ante la presencia de alguien aceptador y empático. Entonces el sufrimiento llegará un momento que se transcenderá y se transformará en una visión más profunda y a la vez elevada de la vida y nos conducirá a una versión más humana de nosotros mismos, aquella basada en el amor, la solidaridad, la compasión y la correcta humildad que nos hace a todos los seres humanos iguales.

La práctica budista de las cuatro nobles verdades señala el camino para trascender el sufrimiento y liberarnos de él como una creación que pertenece al yo que acumula las experiencias de haber estado en relaciones disfuncionales.

Las cuatro nobles verdades pasan por: la aceptación de que la vida humana comporta sufrimiento, el conocimiento de lo que lo causa (hemos de poner la atención en conocer el origen de nuestro sufrimiento), la extinción del sufrimiento (al conocer su causa, podemos cesarlo, no alimentar la raíz de donde viene. Nina pudo integrar el dolor primero aceptándolo y luego liberándolo) y, finalmente, el camino para no experimentar el sufrimiento (que comporta llevar una vida ética y con sentido).

Como decía en el primer apartado de este epílogo, damos sentido a nuestro yo psicológico dependiendo de las experiencias que hemos tenido con los otros. Hemos dado un sentido doloroso a quiénes somos debido a como otros nos trataron en el pasado. Pero esto no puede ser la respuesta verdadera a quiénes realmente somos.

Nuestra dignidad personal es inherente al ser humanos; solo se empaña cuando no hemos sido adecuadamente tratados. Al igual que un billete de 50 € sigue manteniendo el valor aun cuando ha sido maltratado y está arrugado, la dignidad humana sigue siendo siempre irrompible. Es el propósito de la curación el reparar los efectos del maltrato, que ha nublado y enturbiado la visión externa del valor.

Nina había pasado un período de su vida con intenso dolor debido a la repentina retirada e indisposición de sus padres. Estos, tan absortos en su propio dolor, no tuvieron en cuenta que su hija de cinco años les seguía necesitando como fuente afectiva. Nina, como la mayoría de los niños a esa edad, concluyó que ello era debido a que algo fallaba en ella.

Esto en sí mismo es otro acto de inteligencia para sobrevivir. Si Nina cree que no la atienden o la quieren porque hay algo malo en ella todavía puede conservar la esperanza de que puede cambiar algo en sí misma que pueda ayudarla a recuperar el amor de los padres.

Con la esperanza, el niño puede seguir adelante, incluso posponiendo el que puedan quererlo; en la desesperanza solo queda la resignación y la rendición: esperar a que el tiempo pase, la depresión o la vida termine. Nina dejó de pedir y necesitar para no molestar a su mamá, fue el camino marcado por el reproche de su padre.

Y tú, ¿qué conclusiones adoptaste sobre ti mismo por cómo te trataron?, ¿qué decisiones o mecanismos empleaste y, probablemente, todavía empleas para proponerte en las relaciones con los demás? ¿Te sientes confiado y seguro en ti mismo o albergas temores de cómo serás recibido por los demás?

Haber puesto nuestro sentido de la felicidad en lo hedónico no es malo en sí mismo, simplemente es algo temporal, perecedero, consumible. Esto significa que no tiene una naturaleza estable; siempre habremos de procurarnos más y más y no nos aporta una felicidad esencial.

Aristóteles nos hablaba ya de dos tipos de felicidad: la hedónica y la eudaimónica, que decía es la felicidad virtuosa, aquella fundada en llevar una vida con sentido, el tipo de felicidad que obtenemos del funcionamiento óptimo y la realización de nuestro potencial.

Los japoneses también se refieren a esta idea de felicidad como *ikigai*. *Ikigai* es un concepto japonés que puede definirse como «la razón de vivir» o «la razón de ser», lo que hace que la vida valga la pena ser vivida. Todo el mundo, de acuerdo con la cultura japonesa, tiene un *ikigai*. Encontrarlo requiere de una búsqueda interior, profunda y a menudo prolongada. Esta búsqueda se considera de gran importancia, ya que se cree que el descubrimiento del propio *ikigai* aporta sentido y satisfacción a la vida.

Nina llevaba una existencia robótica, en piloto automático; iba a la universidad y se relacionaba porque era el camino marcado, probablemente lo que además esperaban los padres. Pero le faltaba una dimensión esencial en su vivir, la alegría de sentirse digna y querida.

Para los humanos, y también los otros mamíferos, el sentirse bien tratados y amados es un ingrediente básico para la construcción de un sentido digno y valioso; su supervivencia depende de que sus padres los quieran y acepten con orgullo y satisfacción quiénes son. Este es el combustible elemental para tener motivación que se empleará posteriormente en la exploración y el aprendizaje.

Sin el amor, ningún niño encontrará sentido pleno en lo que hace, ya que su sistema nervioso se queda atrapado en estrategias de supervivencia y búsqueda de este amor esencial. Si la razón de vivir de una persona se queda atrapada en el buscar ser amado, todo se organizará para sobrevivir y probablemente siempre se experimentará una «falta básica» que inhibirá el sentido de satisfacción plena en lo que hacemos o en lo que los otros nos dan.

Nina llevaba una vida aparentemente normal pero con falta de vitalidad y entusiasmo por lo que hacía y por su día a día. Solo cuando integró su niña herida y deprimida pudo sentirse como un ser completo. Hasta entonces, su vida alternaba entre estados de ánimo excluyentes.

¿Cómo te sientes tú de completo o incompleto? ¿Sientes que estás viviendo tu vida como corresponde a tus dones y talentos, que estás haciendo aquello para lo que sientes que has venido al mundo o, por el contrario, estás llevando la vida que quizás algún otro programó para ti o tú mismo programaste como una adaptación a las circunstancias que te tocó vivir?

Estamos aquí para vivir nuestras vidas con sentido pleno y dejar en este mundo una huella diferencial por lo diferentes que cada uno somos. Hemos venido para brillar con nuestra luz propia. ¡Y tantas veces hemos apagado o nos han apagado nuestra luz…! Parte de nuestra tarea es recuperar o reencender nuestra llama. Si somos como una vela encendida, podremos ayudar a los de alrededor a encender sus propias velas. Y cada vez seremos más velas dando luz a nuestro entorno. Las velas apagadas no iluminarán la oscuridad que nos rodea.

La vida no es un concepto ni una idea. Muchos tenemos expresiones que responden a «la vida es...» («un valle de lágrimas, un sacrificio, dura..., la vida te demostrará...»). La vida es un proceso en continuo movimiento, impredecible. Es lo que pasa cada segundo por nuestras venas, en nuestra respiración, es lo que se manifiesta en una flor, en una vida animal, en el agua. Toma tantas formas como organismos y elementos.

Solo el humano o, mejor, la mente humana, ha tratado de conceptualizarla, y al hacerlo trata de convertirla en algo inmóvil y estático. Esto es simplemente una construcción de la mente, ya que siempre está en movimiento. Por más que nos empeñemos, cada día, cada minuto tiene algo nuevo. Todo es impermanente y nada dura para siempre.

¿Estás viviendo tu vida como un concepto? ¿Cuál? ¿Qué consecuencias tiene para ti ese concepto? ¿De qué te está privando?

Cuando vivimos la vida como un concepto o una idea queremos hacerla predecible, pero a la vez la hacemos rígida cuando no lo es. Esto nos impedirá ver los matices de los diferentes momentos y gozar de ellos, nos llevará a vivir la vida, a verla, desde nuestras ideas.

Claro que toda la experiencia vivida moldea nuestra percepción. Nuestro sistema nervioso acarrea la historia de cómo teníamos que mostrarnos y lo que podíamos esperar de las relaciones tempranas más íntimas. Más tarde, de adultos, se disparan estas mismas percepciones, especialmente cuando nos involucramos en relaciones en las que depositamos nuestra necesidad de ser amados. Si aprendimos a desconfiar porque no nos respondían como necesitábamos, posteriormente nos acercaremos a las personas más íntimas con desconfianza.

Quizás la tarea principal de nuestra vida, y de cada generación, de la evolución del ser humano como especie sea el actualizar los programas desfasados que se han moldeado en la manera en la que tuvimos que adaptarnos a nuestros cuidadores en la vida temprana, a sobrevivir.

Cada generación, de por sí, trata de actualizar y adaptarse a los nuevos matices de los nuevos tiempos. En nuestro tiempo actual esto es un gran desafío, los avances tecnológicos modifican los entornos de vida a una velocidad vertiginosa que requiere una gran capacidad de adaptarnos flexiblemente a lo nuevo. «Las ideas de la vida» con las que crecimos son escasamente adaptativas, y seguir atados y atrapados en los viejos esquemas nos encierra en nuestras ideas y nos aleja de vivir lo que la vida nos presenta como nuevo a cada momento.

Este es el legado del trauma en nosotros. Ha marcado una manera de percibirnos y de percibir las relaciones y los procesos vitales que se quedó organizada en torno a nuestra supervivencia, se quedó atrapada, fijada y solidificada en el pasado.

Cuando tenemos que sobrevivir, nuestro cerebro de supervivencia, el subcortical, toma el mando de cómo conducimos nuestras vidas, inhibiendo nuestra capacidad inmensa de crecimiento y creación. Pensemos que, cuando estamos preocupados o asustados, nuestros sistemas de crecimiento (que incluyen el buen sueño, la digestión, el aprendizaje…) no pueden funcionar óptimamente.

La tarea más elemental de la vida de cada uno es liberar nuestro potencial de vida, desarrollar nuestros dones y talentos para vivir una vida eudaimónica, para descubrir nuestro *ikigai*.

Deseo que este librito te haya ayudado a lanzar una mirada introspectiva a como estás viviendo tu vida y contribuya con un pequeño grano de arena al movimiento de tu despertar y tu liberación, la liberación de los mecanismos que un día construiste inteligentemente para sobrevivir ante circunstancias difíciles pero que, quizás, luego se quedaron instalados como mecanismos automáticos y rígidos que ya no respondían flexiblemente a los nuevos ingredientes que la vida te está ofreciendo en tu tiempo actual.

Gracias.

Agradezco a mi mujer, Carmen Cuenca, su determinado y permanente apoyo incondicional.

Mis hijas Iria y Antía son dos hermosos tesoros en mi vida. Son fuente de amor, sensibilidad y pasión por la vida.

Un agradecimiento muy especial a mis nietos Noa y Arán; me enseñan cada día el gozo de vivir, el amor más puro y la hermosura de la inocencia.

A mis padres y hermanos por la vida.

Finalmente, agradezco a todos los que han sido mis pacientes y a mis alumnos; han sido siempre excelsos maestros para mí.